MINI GLÜCKSWÄCHTER

FÜR DIE WINTERZEIT

MINI
GLÜCKS
WÄCHTER
FÜR DIE WINTERZEIT
Alice Rögele

INHALT

VORWORT

SIE SORGEN IN DER DUNKLEN JAHRESZEIT FÜR EINE GEMÜTLICHE STIMMUNG UND BRINGEN WINTERLICHE ATMOSPHÄRE IN DEN EINGANGSBEREICH, DEN FLUR ODER DAS WOHNZIMMER.

ENGEL, VÖGELCHEN ODER AMARYLLIS, HINTER JEDEM MINI STEHT EIN BEDEUTUNGSVOLLES SYMBOL, DAS SIE UND IHRE LIEBEN MIT POSITIVER ENERGIE VERSORGT UND IM ALLTAG BEGLEITET. DIE EINZELNEN MODULE DER GLÜCKSWÄCHTER LASSEN SICH AUCH WUNDERBAR AUSTAUSCHEN UND KOMBINIEREN. SO KÖNNEN SIE SELBST ENTSCHEIDEN, OB SIE DIE GEZEIGTEN MOTIVE NACHARBEITEN ODER DIE MODULE NACH IHREN EIGENEN WÜNSCHEN UND BEDÜRFNISSEN ZUSAMMENSTELLEN MÖCHTEN.

LASSEN SIE IHRER KREATIVITÄT FREIEN LAUF!

ICH WÜNSCHE IHNEN VIEL FREUDE BEIM GESTALTEN, DEKORIEREN ODER VERSCHENKEN!

DIE SYMBOLE UND IHRE BEDEUTUNGEN

Für unsere Glückswächter haben wir eine große Anzahl an verschiedenen Symbolen und Tieren aus den verschiedensten Kulturen verwendet. Sie vereinen ihre gesamte Kraft und Energie, um Ihnen im Alltag zur Seite zu stehen. Hier finden Sie die Erläuterungen in alphabetischer Reihenfolge:

A

AMARYLLIS Zeichen der Freundschaft: Mit einer Amaryllis vermittelt man dem Beschenkten seine Zuneigung und Bewunderung.

APFEL Der Apfel gilt als Symbol der Weisheit und der Erkenntnis. Gleichzeitig ist er das Bild für Verführung und Sünde. Der Apfel ist der Grund für die Vertreibung aus dem Paradies. Der Apfel versinnbildlicht also positive und negative Seiten einer Sache und vereinigt Gegensätzliches. Diese Polarität findet sich auch in Sprichworten wie „In den sauren Apfel beißen" oder „Der schönste Apfel hat oft einen Wurm" wieder.

B

BIRKE Die Birke ist ein Baum des Lichtes, des Schutzes und der Fruchtbarkeit. Sie steht außerdem für Erneuerung, Selbstvertrauen, Geduld und Erfolg.

BLAU In der Farbe Blau erfährt der Mensch den Himmel in seiner Transparenz und Höhe und das Meer in seiner Weite und Tiefe. Blau ist die Farbe der Unendlichkeit und der Geborgenheit (Himmelsgewölbe), die Farbe des Glaubens und der Sehnsucht, über sich hinauszugehen. Blau gilt als Sinnbild für Klarheit und intellektuelle Durchdringung. Außerdem kann Blau auch Symbol für Treue und Eros sein, wie es sich in Namen blau blühender Pflanzen wie Vergissmeinnicht, Wegwarte, Männertreu zeigt.

D

DALAPFERD Das Dalapferd ist ein Symbol der Stärke.

E

EICHEL Leben, Kraft und Gesundheit, diese Eigenschaften vereint die Eichel. Sie steht außerdem für Wachstum und unerschütterliche Treue eines lieben Menschen.

EICHHÖRNCHEN Das Eichhörnchen steht für Balance, Leichtigkeit, Lebensfreude aber auch für Neugierde, Beharrlichkeit und Wagemut.

EISBÄREN Eisbären sind Beschützer und stehen für ein starkes, friedvolles Wesen.

ELCH Der Elch ist ein imposantes Tier, das für Kraft, Weisheit und Gerechtigkeit steht. Wer von einem Elch träumt, sehnt sich nach Freiheit und Unabhängigkeit sowie nach unberührter Natur und Weite. Das Unterbewusstsein fordert den Träumenden dazu auf, sich eine lange und ruhige Auszeit in freier Natur zu gönnen.

ENGEL Engel begleiten die Menschen durch das Leben und beschützen sie.

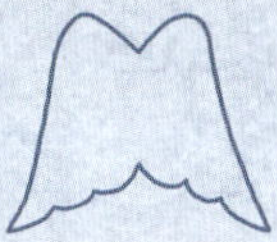

EULE In vielen Kulturen steht die Eule für Weisheit, Schutz, Scharfsinn und Kraft. Sie ist das Begleittier der Göttin Athene, weshalb es im alten Athen sehr viele Darstellungen dieses Vogels gab.

F

FUCHS Ein Fuchs gilt als clever und geschickt. Er ist ein guter Ratgeber, zudem flexibel und steckt voller Energie.

G

GLOCKE Glocken überbringen positive Botschaften und sind mit (sakraler) Freude und Feierlichkeit verbunden. Durch ihr Läuten an Weihnachten, zur Geburt Christi, sind sie zum Symbol weihnachtlicher Freude geworden.

GRÜN Grün wirkt auf den Menschen harmonisierend. Mit der Rückkehr der Vegetation im Frühjahr ist die Hoffnung auf ein lebendiges Wachstum und neues Leben verbunden. Mittelgrün gilt als Farbe des Ausgleichs und der Zufriedenheit. Blaugrün symbolisiert Beharrlichkeit, Selbstwerdung und ein Festhalten-Wollen, Gelbgrün ein triebhaftes Wachstum und drängendes Wünschen.

H

HASE Der Hase ist ein Symbol der Fruchtbarkeit, Sanftheit und Wachsamkeit. Er soll das Böse abwehren und Schutzkräfte besitzen.

HAUS Das Haus ist ein Ort der Geborgenheit und des Schutzes. Es steht für Heimat, Gemeinschaft und Familie.

HERZ Das Herz symbolisiert Liebe und Güte. Es steht für Leidenschaft und das Zentrum des Seins.

K

KLEEBLATT Ein Kleeblatt bewahrt den Beschenkten vor Unheil und dient außerdem als Glücksbringer.

KREIS/PUNKT/SCHEIBE Der Kreis (auch ausgedehnter Punkt) ist ein Symbol für die Einheit, für das Absolute, Vollkommene und Göttliche. Seine unendliche Linie macht ihn zum Zeichen für die Unendlichkeit. Oft wurde er auch als Schutzsymbol gegen Dämonen und böse Geister verwendet.

KUGEL Die Kugel ist ein Symbol der Vollständigkeit und Ganzheit. Sie ist ein Sinnbild für die Seele und kann das Streben nach einer Vereinigung von Gegensätzen bedeuten.

L

LEBKUCHEN Lebkuchen galten früher wegen ihrer Gewürze als Heilmittel. Sie halfen, die Zeit vor Weihnachten, in der zu Besinnung und Buße häufig gefastet wurde, zu überstehen.

M

MATROSCHKA Die weibliche Matroschka steht für Mütterlichkeit und Fruchtbarkeit.

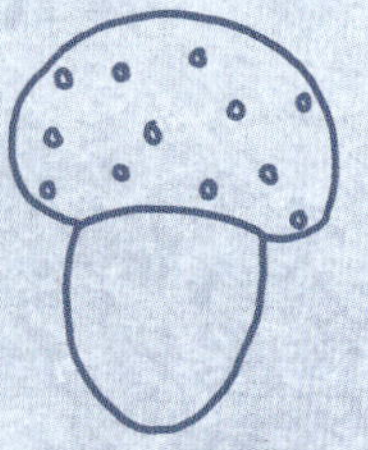

PILZ Der Pilz/Fliegenpilz steht in China für ein langes Leben. In Europa ist er ein traditionelles Glückssymbol.

PUNKT siehe Kreis.

Q

QUADRAT siehe Würfel. Das Quadrat ist ein Sinnbild für die Erde, die Materie. Die vier Jahreszeiten, die vier Elemente und die vier Himmelsrichtungen werden durch seine vier Ecken versinnbildlicht. Es begrenzt und schützt den Lebensraum des Menschen, ist durch seine Form ein Symbol für Ordnung und Halt.

R

RECHTECKE Kleine, aufgefädelte Rechtecke stehen bei den Indianern für die Zeit.

REH Das Reh steht für Eleganz, Anmut, Wachsamkeit und Zartheit.

ROT Die Farbe Rot steht für Liebe, Sinnlichkeit, Leidenschaft, aber auch für Kraft und Macht. Purpur, der dunkelste Rotton, symbolisiert Herrschaft, Recht und Gerechtigkeit.

S

SCHEIBE siehe Kreis.

SCHNEE Wenn der erste Schnee fällt, tritt eine magische Stille ein. Frisch gefallener Schnee fällt durch seine Reinheit und Schönheit auf und er schluckt die Geräusche der Umgebung. Schnee kann ein Symbol für Ruhe und Geborgenheit trotz einer kalten und lebensfeindlichen Umgebung sein. Der Traum von Schnee kann aber auch dazu auffordern, Gefühlen wieder mehr Raum zu geben.

SCHNEEFLOCKE All die kleinen Eiskristalle sind Unikate. Die einzelne Schneeflocke steht daher für Individualität.

STERN Sterne stehen als Licht in dunkler Nacht für Liebe, Wahrheit und Unsterblichkeit. In Bezug auf Weihnachten sind sie außerdem Wegweiser.

T

TANNE Die Tanne ist der keltische Baum der Weitsicht. Außerdem steht sie für Fruchtbarkeit, Wachstum, Stärke, Weisheit, Schönheit und Würde. In der christlichen Symbolik wird sie besonders mit Geburt und Auferstehung verbunden.

V

VÖGEL Vögel sind ein Bild für Freiheit und Kreativität.

W

WEIHNACHTSSTERN Der Weihnachtsstern symbolisiert Reinheit.

WICHTEL Ein Wichtel tut Gutes, ist hilfsbereit und wohlwollend.

WÜRFEL siehe Quadrat. Da der Würfel aus sechs Quadraten besteht, ist er ebenfalls ein Symbol für die Ganzheit, aber auch für das Unveränderbare, für das Feste und kann auch die Ewigkeit symbolisieren.

INDIVIDUELLE GLÜCKSWÄCHTER ZUSAMMENSTELLEN

Wenn Sie möchten, können Sie sich Ihren ganz eigenen, persönlichen Glückswächter aus den im Buch gezeigten Elementen zusammenstellen. Hier haben Sie verschiedene Möglichkeiten.

FARBWELTEN KOMPONIEREN

Sie können Ihren Glückswächter in verschiedenen Farbwelten erschaffen und intuitiv die Motive verwenden, die Ihnen gefallen. Hier sind Sie in der Gestaltung ganz frei, denn jedes Element können Sie so bemalen und gestalten, wie Sie es mögen.

GLÜCKWÄCHTER ALS GESCHENK

Besonders gut eignet sich ein Glückswächter auch als Geschenk für Menschen, die Ihnen am Herzen liegen. Ganz persönlich wird der Glückswächter, wenn Sie zum Beispiel Hausnummer, Straßennamen, Namen der Bewohner oder individuelle Botschaften ergänzen.

TIPPS ZUM ZUSAMMENSTELLEN

- Besonders harmonisch wirkt ein Glückswächter, wenn Sie runde und eckige Motive abwechseln.
- Ein großes, auffallendes Motiv bildet oben einen schönen Abschluss.
- Fädeln Sie unten eher große Motive auf, nach oben hin kleinere.
- Zwischen große Motive sollten Sie immer ein kleines Element (Kugel oder Klotz) fädeln.
- Spielen Sie mit verschiedenen Materialien und Strukturen.
- Legen Sie die Einzelteile immer zuerst auf dem Boden aus, um Positionen zu bestimmen.

ELWIN ELCH

SCHWIERIGKEIT

★

MOTIVHÖHE

53 cm

MATERIAL

- Leimholz, 18 mm stark, 22 cm x 20 cm
- Kreidefarbe in Hellblau
- Farbe in Braun, Weiß, Schwarz und Silber
- 2 Rundholzstäbe, ø 6 mm, 40 cm lang; ø 6 cm, 4,5 cm lang
- 2 Holzkugeln durchbohrt, ø 7 cm und ø 5 cm
- 3 Holzklötze, 8 cm x 8 cm, 7 cm lang; 5,5 cm x 5,5 cm, 5,5 cm lang; 5 cm x 5 cm, 3 cm lang
- Glöckchen in Hellblau, ø 3 cm
- Filzband in Grau, 3 mm breit, 50 cm lang
- Lackdraht in Braun, ø 0,35 mm, 10 cm lang
- Holzbohrer, ø 6 mm

VORLAGE

Bogen A

1 Zunächst den Elchkopf gemäß Vorlage aussägen. Die Bohrungen durchführen, dabei den größten Klotz nur bis zur Hälfte durchbohren. Braun mit einem Hauch Schwarz mischen und mit Wasser verdünnen. Den Elchkopf und den größten Klotz zügig grundieren. Das Geweih, sowie den mittleren Klotz und die kleinere Kugel mit einer Mischung aus Braun und Schwarz bemalen.

2 Den Rundholzstab (ø 6 cm) und den kleinsten Klotz mit der Kreidefarbe, die Kugel mit Silber bemalen. Alles trocknen lassen. Die Bäume abpausen und mit Weiß nachziehen. Alles andere mit Punkten und Linien verzieren, dabei können Sie sich am Foto orientieren. Das Gesicht ebenfalls von der Vorlage übertragen. Die Augen werden mit Schwarz, die Nase wird mit Braun gezeichnet.

3 Alle Teile auffädeln und den Kopf aufsetzen. Das Glöckchen mit Draht anhängen und das Band anbinden.

TIPP

Statt Hellblau können Sie auch Hellgrün für die Bemalung der Klötze verwenden.

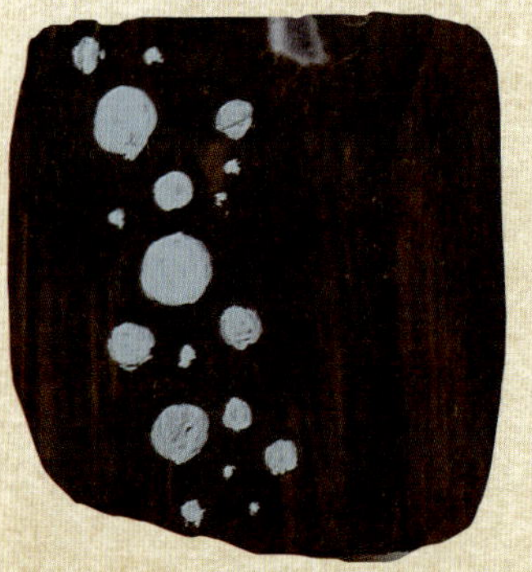

WINTER

KLEINER EISBÄR

SCHWIERIGKEIT

★

MOTIVHÖHE

29 cm

MATERIAL

- Sperrholz, 10 mm stark, 18 cm x 21 cm
- Kreidefarbe in Hellblau, Hellgrün, Dunkelgrau, Weiß und Hellgrau
- Farbe in Schwarz
- 2 Rundholzstäbe, ø 4 mm, 16,5 cm und 12 cm lang
- Holzkugel durchbohrt, ø 1,5 cm und ø 3,5 cm
- Holzklotz, 4 cm x 4 cm, 5 cm lang
- 2 Holz-Schneeflocken in Weiß, ø 3 cm (Streuteil)
- Stern in Weiß, ø 2,5 cm
- Holzbohrer, ø 4 mm

VORLAGE

Bogen A

1 Die Teile aus Sperrholz gemäß Vorlage aussägen und die Bohrungen durchführen. Der Holzklotz wird nur zur Hälfte durchbohrt. Den Klotz, die Eisscholle und den Bären mit Weiß, den Pullover und das Schild mit Hellblau, die große Kugel in Hellgrau bemalen. Handschuhe und Mütze werden Hellgrün, die kleine Kugel Dunkelgrau bemalt. Nach dem Trocknen Augen, Nase und Konturen mit leicht verdünntem Schwarz aufzeichnen. Den Schnee auf dem Schild in Weiß streichen, dann die Schrift mit etwas verdünntem Schwarz nachziehen.

2 Den langen Stab in die Bohrung des Klotzes stecken und die Einzelteile auffädeln. Handschuhe und Schneeflocken mit Heißkleber anbringen. Das Schild auf den kurzen Stab kleben, anschließend sorgfältig, mit wenig Heißkleber, am Eisbär fixieren. Die kleine Kugel als Bommel an die Mütze kleben. Zum Schluss wird der Stern auf den Pullover geklebt.

TIPP

Das Gesicht und den Schriftzug können Sie auch mit einem dünnen, wasserfesten Stift aufmalen.

WEISSE AMARYLLIS

SCHWIERIGKEIT

★★★

MOTIVHÖHE

27 cm und 31 cm

MATERIAL

- Sperrholz, 10 mm stark, 12 cm x 15 cm
- Farbe in Weiß, Hellgrün, Silber, Schwarz und Grau
- 2 Rundholzstäbe, ø 6 mm, 18 cm und 22 cm lang
- Holzkugel durchbohrt, ø 4 cm und ø 3,5 cm
- 2 Holzklötze, 5 cm x 5,5 cm, 5 cm lang und 4,5 cm lang
- Glaskugel in Cremeweiß, ø 2 cm
- Ranken, ca. 15 cm
- Lackdraht in Braun, ø 0,35 mm, 10 cm lang
- Holzbohrer, ø 6 mm
- Heißkleber

VORLAGE

Bogen A

1 Blüte und Knospe aussägen und die Löcher ganz vorsichtig bohren. Die Klötze nur jeweils zur Hälfte durchbohren. Die Klötze mit Silber, die Kugeln, die Knospe und die Stäbe mit Hellgrün bemalen. Für die Details der Knospe und die des kürzeren Rundholzstabes wird in die noch nasse Farbe eine Mischung aus Hellgrün und einem Hauch Schwarz aufgetragen. Mit weichen Bewegungen verstreichen.

2 Die Blüte in Weiß grundieren. In die Blütenmitte etwas Hellgrün auftragen und verstreichen. Mit wenig Grau die Schatten zwischen den Blütenblättern aufmalen. Orientieren Sie sich hierbei am Bild. Trocknen lassen. Graue Farbe mit etwas Wasser verdünnen, die Linien von der Vorlage abpausen und mit einem feinen Pinsel nachfahren. Die Mitte nun nochmals mit einer Mischung aus Grau und Schwarz betonen. Nach dem Trocknen noch einige Sprenkel in verdünntem Grau auftragen. Liegend trocknen lassen.

3 Die Rundholzstäbe auf die Klötze stecken, die Kugeln auffädeln. Aus den Ranken ein kleines Kränzchen formen und mit Draht zusammenbinden, auffädeln. Die Blüte und die Knospe aufsetzen, die kleine cremefarbene Kugel mit Heißkleber anbringen.

TIPP

Die Schwierigkeit dieses Modells besteht darin, so vorsichtig und gerade zu bohren, dass das Holz nicht bricht. Um dieses Risiko zu umgehen, können Sie die Blüten auch an den Stielen ankleben.

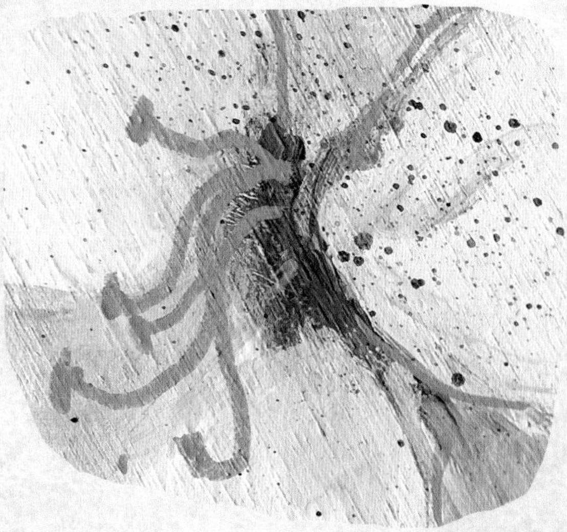

PRÄCHTIGER ADVENTSSTERN

SCHWIERIGKEIT

★★★

MOTIVHÖHE

29,5 cm

MATERIAL

- Sperrholz, 10 mm stark, 12 cm x 22 cm
- Farbe in Weiß, Dunkelgrün, Hellrot und Schwarz
- Rundholzstab, ø 4 mm, 20 cm lang
- 2 Holzkugeln durchbohrt, ø 3 cm und ø 3,5 cm
- Holzklotz, 4 cm x 4 cm, 5,5 cm lang
- Holzrad, ø 4 cm

VORLAGE

Bogen A

1 Die Blüte und den Stern gemäß Vorlage aussägen. Den Klotz zur Hälfte durchbohren. Den Klotz und den Stern in Hellrot bemalen. Die Blüte ebenfalls in Hellrot bemalen, sparen Sie jedoch einige Blätter am Rand der Blüte aus. Orientieren Sie sich dabei am Foto. Alles gut trocknen lassen. Streichen Sie die kleinere Kugel in Hell-, das Holzrad und die größere Kugel in Dunkelgrün.

2 Hell- und Dunkelgrün mischen und die ausgesparten Blätter der Blüte bemalen. Nach dem Trocknen die Blättchen der Blüte von der Vorlage übertragen. Ein Hauch Schwarz mit Wasser verdünnen und sehr vorsichtig die Schatten der Blütenblätter andeuten, indem Sie einige der Blätter tönen. Trocknen lassen. Den Stern und die Blume mit verdünntem Hellgrün besprenkeln und wieder trocknen lassen.

3 Die Blütenmitte in Hellgrün aufmalen. Tupfen Sie auf die dunkelgrüne Kugel Punkte in Hellgrün. Nochmals gut trocknen lassen. Nun alle Teile auffädeln, den Stern und die Blüte mit Heißkleber am Stab fixieren.

Advent
- Plätzchen backen
- Weihnachtsmarkt
- Schlitten fahren
- Heiße Schokolade
- Kerzenlicht

GEMÜTLICHE ADVENTSZEIT

SCHWIERIGKEIT

★

MOTIVHÖHE

33 cm

MATERIAL

- Sperrholz, 10 mm stark, 19 cm x 8 cm
- Leimholz, 18 mm stark, 5,5 cm x 8 cm (Schild)
- Farbe in Beige, Hellgrün, Dunkelrot, Hellbraun und Schwarz
- Rundholzstab, ø 6 mm, 32 cm lang
- 2 Holzkugeln durchbohrt, ø 3 cm und ø 3,5 cm
- 6 Holzklötze, 5,5 cm x 5 cm, 4 cm lang; 3,5 cm x 3,5 cm, 3 cm, 4 cm, 4,5 cm und 5 cm lang; 5 cm x 5 cm, 3,5 cm lang
- wasserfester Stift in Schwarz, ø 0,5–1 mm
- Holzbohrer, ø 6 mm
- Heißkleber

VORLAGE

Bogen A

1 Die Socke und die zwei Tassen gemäß Vorlage aussägen. Den Klotz (5,5 cm x 5 cm) zur Hälfte durchbohren. Alle restlichen Holzklötze vollständig durchbohren. Die Socke, das Schild und einen Klotz in Hellgrün, den Humpen in Beige und die Tasse in Braun streichen. Den 5,5 cm x 5 cm großen Klotz und einen weiteren in Hellbraun grundieren. Zwei weitere Klötze werden in Dunkelrot bemalt. Trocknen lassen. Die Kugel und der Klotz, auf den später das Schild geklebt wird, bleiben Natur.

2 Die Muster von der Vorlage abpausen und aufmalen. Die Schrift mit dem Stift nachschreiben. Den Glühwein mit Dunkelrot in den Humpen malen. Die heiße Schokolade mit einer Mischung aus Braun und Schwarz in die Tasse einzeichnen. Auf den kleineren hellbraunen Klotz werden zusätzlich Punkte in Beige gemalt.

3 Alle Teile auffädeln. Die Tasse, das Schild, den Humpen und die Socke aufkleben.

FREUDE AM SKIFAHREN

SCHWIERIGKEIT

★

MOTIVHÖHE

35 cm

MATERIAL

- Farbe in Dunkelbraun
- Rundholzstab, ø 6 mm, 27 cm lang
- 2 Holzklötze, 5,5 cm x 4 cm, 8 cm lang; 4 cm x 4 cm, 6 cm lang
- 2 Stücke Kunstpelz in Grau, 5 cm breit, 20 cm und 9 cm lang
- Holzstern, ø 9 cm
- 2 Zapfen, 4,5 cm lang
- Herz mit Baumrinde, ø 5,5 cm
- Deko-Skier, 16 cm lang
- Lackdraht in Braun, ø 0,35 mm, 15 cm lang
- Holzbohrer, ø 6 mm
- Heißkleber

1 Den größeren Klotz zur Hälfte, den kleineren vollständig durchbohren. Braun mit etwas Wasser verdünnen und den Klotz zügig grundieren. Trocknen lassen. Die einzelnen Teile nacheinander auf dem Rundholzstab anbringen. Die Fellstücke dabei um den Stab rollen und mit Heißkleber auf der Rückseite zusammenkleben. Das Herz, die Skier und den Stern ebenfalls ankleben. Die Zapfen werden mit Draht befestigen.

TIPP

Den verwendeten Stern können Sie auch selbst aus einem Stück Holz aussägen. Die Mini-Skier bekommen Sie in Bastelläden oder in Deko-Abteilungen von Möbelhäusern. Alternativ können Sie das Motiv auch mit einem Herz in Rot und einem karierten Band dekorieren.

NIEDLICHES WICHTEL-DUO

SCHWIERIGKEIT

★★

MOTIVHÖHE

45 cm und 48 cm

MATERIAL

- Leimholz, 18 mm stark, 27 cm x 26 cm
- Farbe in Dunkelrot
- Kreidefarbe in Hell- und Dunkelgrau
- 4 Rundholzstäbe, ø 6 mm, 23 cm und 27 cm lang; ø 5 cm, 4 cm und 5 cm lang
- Holzkugel durchbohrt, ø 5 cm
- 2 Holzkugeln, ø 3 cm
- 2 gewölbte Holzplatinen, ø 15 mm
- 2 Birkenastscheiben mit ausgesägten Sternen, je 12 cm
- Holzknopf in Tannenform, 3 cm
- 2 Birkenaststücke, ø 7 cm, 6 cm lang; ø 9 cm, 4 cm lang
- Schnur, 2x 15 cm lang
- Holzbohrer, ø 3 mm und ø 6 mm

VORLAGE

Bogen A

1 Die Wichtel von der Vorlage auf das Leimholz übertragen. Die Löcher bohren. Die Mützen, die Kugeln und die dicken Rundholzstäbe mit Hell- und Dunkelgrau sowie Dunkelrot bemalen und gut trocknen lassen. Den Bart jeweils mit Hellgrau grundieren. In die noch nasse Farbe etwas Dunkelgrau mischen und streifenartig verstreichen. Orientieren Sie sich dabei am Foto.

2 Übertragen Sie die Muster auf die Mützen und zeichnen Sie die Konturen in Hellgrau mit einem feinen Pinsel nach. Das Herzchen in Rot auf den Rundholzstab übertragen. Die Teile wie abgebildet aufstecken. Bringen Sie die Holzplatinen als Nasen und die beiden kleinen Kugeln als Bommeln an, indem Sie diese mit Heißkleber befestigen.

3 Die Birkenastscheiben werden mit der Schnur am Rundholzstab befestigt. Die kleine Tanne wird ebenfalls mit Heißkleber angebracht.

TIPP

Die Birkenastscheiben mit ausgesägten Sternen erhalten Sie im Bastelladen. Alternativ können Sie die Sterne selbst aussägen oder, um den Aufwand zu reduzieren, einfach aufmalen.

WEIHNACHTS-STRUMPF

SCHWIERIGKEIT

★★★

MOTIVHÖHE

37 cm

MATERIAL

- Sperrholz, 10 mm stark, 13 cm x 11 cm
- Leimholz, 18 mm stark, 12 cm x 18 cm
- Farbe in Weiß, Hellgrün, Dunkelgrün, Hellrot und Grau
- Rundholzstab, ø 6 mm, 24 cm lang
- 2 Holzkugeln durchbohrt, ø 3 cm und ø 5 cm
- Holzklotz, 5 cm x 6 cm, 6 cm lang
- Satinband in Rot, ø 3 mm, 40 cm lang
- Holzbohrer, ø 6 mm

VORLAGE

Bogen A

1 Die Socke aus Leimholz, die Zuckerstangen aus Sperrholz aussägen. Den Klotz halb durchbohren und zusammen mit der Socke in Dunkelgrün streichen. Die Zuckerstangen komplett in Weiß bemalen und gut trocknen lassen. Anschließend die roten Streifen aufmalen.

2 Die Kugeln und die Tanne in Hellgrün, den Apfel in Rot gestalten. Die Muster auf der Socke mit einer Mischung aus Hellgrün und Weiß aufmalen. Die Tanne verzieren. Die Kontur des Apfels auf der linken Seite mit etwas Grau nachziehen.

3 Alle Teile auffädeln, die Zuckerstangen mit dem Satinband anbringen.

TIPP

Dieses Motiv eignet sich wunderbar als Tischdekoration. Arbeiten Sie die einzelnen Teile mehrfach und ordnen Sie diese in unterschiedlicher Reihenfolge an. Gestalten Sie einen Mini-Glückswächter z. B. nur aus Zuckerstangen.

WINTERLICHE VÖGELCHEN

SCHWIERIGKEIT

★★★

MOTIVHÖHE

24 cm und 29 cm

MATERIAL

- Leimholz, 18 mm stark, 22 cm x 14 cm
- Farbe in Weiß, Hellrot, Grün und Schwarz
- 3 Rundholzstäbe, ø 6 mm, 16 cm und 18 cm lang; ø 3 cm, 3 cm lang
- 3 Holzkugeln durchbohrt, 2x ø 3,5 cm und 1x ø 2,5 cm
- 4 Holzklötze, 5 cm x 5 cm, 6 cm lang; 4 cm x 4 cm, 4 cm und 2 cm lang; 4,5 cm x 5,5 cm, 5,5 cm lang
- Stern, ø 3 cm
- 2 Zweige in Weiß, 6 cm und 15 cm lang
- Holzbohrer, ø 6 mm
- Heißkleber

VORLAGE

Bogen A

1 Die Vögel aussägen und die Löcher bohren. Die größeren Klötze halb, die restlichen vollständig durchbohren. Zwei Klötze, eine Kugel, einen Vogel und die Mütze des zweiten Vogels in Rot, einen Klotz in Grün bemalen. Grün mit wenig Weiß aufhellen und eine Kugel sowie einen weiteren Klotz damit streichen. Aus Schwarz und Weiß einen hellen Grauton mischen und den zweiten Vogel bemalen. In die noch nasse Farbe Akzente setzen, indem Sie etwas Schwarz auf den Bauch des roten Vogels und etwas Weiß auf den Bauch des grauen Vogels geben und vorsichtig verstreichen. Die letzte Kugel und den größeren Rundholzstab mit Weiß bemalen. Die Mütze des roten Vogels mit einem dunklen Grauton bemalen. Dafür können Sie den bereits gemischten Grauton verwenden, indem Sie diesen mit Schwarz anreichern.

2 Nach dem Trocknen die Ränder der Mützen und die Bommeln mit Weiß aufmalen. Die Verzierungen, Schnäbel und Augen von der Vorlage übertragen und wie abgebildet einzeichnen. Erneut trocknen lassen. Vögel und Mützen mit einem fast trockenen Pinsel und Schwarz stellenweise schattieren. Weiß mit wenig Wasser verdünnen und die Bäuche der Vögel besprenkeln. Orientieren Sie sich dabei am Foto.

3 Die Motive zusammensetzen, den Stern und die Zweige mit Heißkleber anbringen.

TIPP

Diese Vögelchen eignen sich auch super als Mitbringsel.

ZUTRAULICHES EICHHÖRNCHEN

SCHWIERIGKEIT

★

MOTIVHÖHE

34 cm

MATERIAL

- Leimholz, 18 mm stark, 15 cm x 16 cm
- Sperrholz, 10 mm stark, 9 cm x 6 cm
- Farbe in Beige, Orange, Schwarz und Dunkelbraun
- Rundholzstab, ø 6 mm, 21 cm lang
- 2 Birkenaststücke, ø 10 cm, 6 cm lang; ø 9 cm, 3 cm lang
- 2 Walnüsse
- Haselnuss
- Holzbohrer, ø 6 mm
- Heißkleber

VORLAGE

Bogen A

1 Das Eichhörnchen aus dem Leim, die Eichel aus dem Sperrholz aussägen. Das größere Birkenstück halb, die Scheibe vollständig durchbohren.

2 Orange mit wenig Braun mischen und mit Wasser verdünnen. Das Eichhörnchen zügig bemalen. Die Eichel mit Dunkelbraun das Hütchen mit Beige streichen und trocknen lassen. Das Auge des Eichhörnchens mit Schwarz aufzeichnen. Mit einem fast trockenen Pinsel und einem Hauch Schwarz die vorderen Pfoten und den Schwanz durch Wischbewegungen betonen.

3 Die Walnüsse durchbohren. Alles auffädeln, die Haselnuss mit Heißkleber anbringen.

UNTERM WEIHNACHTSBAUM

SCHWIERIGKEIT

★

MOTIVHÖHE

10 cm, 11 cm und 28 cm

MATERIAL

- Leimholz, 18 mm stark, 22 cm x 33 cm
- Farbe in Weiß, Hellrot, Hellgrün und Dunkelgrün
- 4 Rundholzstäbe, ø 6 mm, 9,5 cm, 15 cm und 5 cm lang; ø 3 cm, 3 cm lang
- Holzkugel durchbohrt, ø 3,5 cm
- 6 Holzklötze, 5 cm x 5 cm, 5,5 cm lang; 3 cm x 3 cm, 3 cm und 3,5 cm lang; 5 cm x 5,5 cm, 4 cm lang; 4 cm x 4 cm, 5 cm lang; 4,5 cm x 4,5 cm 4 cm lang
- 5 Sterne in Hell- und Dunkelgrün, ø 2 cm
- 2 Glöckchen in Hell- und Dunkelgrau, ø 2 cm
- Kordel in Weiß-Rot, 30 cm lang
- Holzbohrer, ø 6 mm
- Heißkleber

VORLAGE

Bogen A

1 Die Tanne und den Stern gemäß Vorlage aussägen. Die größeren Klötze halb, die anderen ganz durchbohren. Weiß und Schwarz mischen und den Stern sowie einen Klotz bemalen. Die Tanne, einen der größeren Klötze mit Hell-, den dicken Rundstab und einen weiteren großen Klotz mit Dunkelgrün bemalen. Einen Klotz mit Weiß bemalen. Nun noch die Kugel und den letzten Klotz mit Rot streichen. Alles trocknen lassen.

2 Wie abgebildet, die Schleifen auf die Geschenke malen. Zeichnen Sie hierfür breitere Streifen als Geschenkband auf und verzieren Sie diese mit zwei Bögen, die die Schleifen darstellen. Die Tanne und den Stern mit einem fast trockenen Pinsel und einem Hauch Grau schraffieren und mit etwas Rot besprenkeln. Den kleinen Stern mit Grau auf den hellgrünen Klotz übertragen. Nach dem Trocknen mit einer Mischung aus Weiß und Hellgrün betupfen.

3 Die Kordel um den grauen Klotz binden. Die Teile wie abgebildet auffädeln und mit den Sternen und Glöckchen dekorieren.

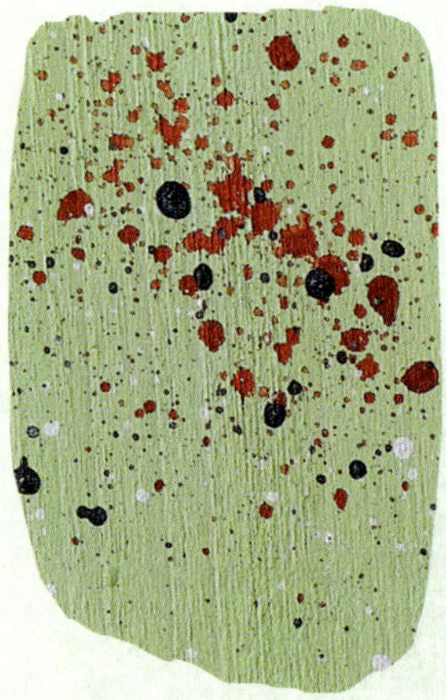

NORWEGER-MUSTER

SCHWIERIGKEIT

★

MOTIVHÖHE

32 cm

MATERIAL

- Farbe in Weiß, Hellrot und Schwarz
- Rundholzstab, ø 6 mm, 16 cm lang
- 5 Holzklötze, 8 cm x 8 cm, 6 cm lang; 6 cm x 6 cm, 11 cm lang; 5 cm x 5,5 cm, 5 und 5,5 cm lang; 5 cm x 6 cm, 3,5 cm lang
- Holzbohrer, ø 6 mm

VORLAGE

Bogen B

1 Weiß und Schwarz mischen. Den untersten Klotz (8 cm x 8 cm) ungebohrt lassen, den 15 cm und den 5 cm langen Klotz jeweils zur Hälfte sowie die zwei Klötze dazwischen ganz durchbohren. Alle Teile mit Weiß, Grau und Rot bemalen und trocknen lassen.

2 Die Muster von der Vorlage übertragen. Mit Weiß und Grau und einem feinen Pinsel nachmalen. Gut trocknen lassen. Den 11 cm langen Klotz auf den untersten kleben. Den Stab hineinstecken und alles gemäß Abbildung aufreihen. Zum Schluss den halb durchbohrten weißen Klotz aufsetzen.

TIPP

Statt der Muster können Sie auch weihnachtliche Botschaften oder Wünsche auf die Klötze schreiben.

STRAHLENDE STERNE

SCHWIERIGKEIT

★

MOTIVHÖHE

28 cm und 32 cm

MATERIAL

- Sperrholz, 10 mm stark, 15 cm x 20 cm
- Farbe in Weiß, Hellrot, Beige, Dunkelbraun, und Schwarz
- 5 Rundholzstäbe, ø 6 mm, 20 cm und 23 cm lang; ø 3 cm, 2 cm und 2x 3 cm lang
- 4 Holzkugeln durchbohrt, 2x ø 3 cm; 2x ø 3,5 cm
- 2 Holzklötze, 5 cm x 5 cm, 5,5 cm lang; 5 cm x 6 cm, 7 cm lang
- Holzscheibe, ø 4 cm
- Rebenstern, 7 cm
- Ranken, 12–18 cm
- 2 Lackdrähte in Braun, ø 0,35 mm, 10 cm und 20 cm lang
- Holzbohrer, ø 6 mm
- Heißkleber

VORLAGE

Bogen B

1 Die Sterne aussägen. Diese sowie eine Kugel mit Rot bemalen. Den längeren der dicken Rundholzstabstücke und die Holzscheibe mit einer Mischung aus Beige und Weiß grundieren. Braun mit Wasser verdünnen. Zwei der Klötze und zwei weitere Rundholzstabstücke bemalen. Eine Kugel in Weiß streichen. Zwei weitere Kugeln bleiben Natur.

2 Die Stäbe in die Bohrungen der großen Klötze stecken und alles nacheinander auffädeln. Die Ranken mit dem längeren Drahtstück zusammenbinden und am Rundholzstab anbringen. Den Rebenstern ebenfalls mit Draht befestigen. Die Sterne mit Heißkleber an die Spitze kleben.

TIPP

Sehr edel wirken die Motive auch in der Farbkombination Weiß, Silber und Gold. Lassen Sie ein paar Teile weg, z. B. den Rebstern, und kürzen Sie die schmalen Rundholzstäbe – ruckzuck haben Sie eine tolle Deko für die Festtagstafel.

TRADITIONELLE MATROSCHKAS

SCHWIERIGKEIT

★★

MOTIVHÖHE

29 und 34 cm

MATERIAL

- Leimholz, 18 mm stark, 18 cm x 15 cm
- Sperrholz, 10 mm stark, 7 cm x 6,5 cm
- Kreidefarbe in Rosa, Dunkelgrau, Weiß und Hellgrau
- Farbe in Rot und Schwarz
- 3 Rundholzstäbe, ø 6 mm, 17 und 20 cm lang; ø 3 cm, 4 cm lang
- 3 Holzkugeln durchbohrt, 2x ø 5 cm und 1x ø 3,5 cm
- 3 Holzklötze, 4,5 cm x 5,5 cm, 3 cm lang; 5,5 cm x 6,5 cm, 5,5 cm und 6 cm lang
- Holzknopf, 6 cm
- Holzbohrer, ø 6 mm

VORLAGE

Bogen B

1 Die Puppen aus dem Leim-, das Herz aus dem Sperrholz aussägen. Die größeren Klötze halb, den kleinsten Klotz vollständig durchbohren. Zwei der Kugeln, das große Rundholzstabstück und die Gesichter der Puppen bleiben ungestrichen. Die restlichen Teile werden mit den Kreidefarben in Rosa und Dunkelgrau bemalt. Orientieren Sie sich dabei an der Abbildung.

2 Nach dem Trocknen pausen Sie die Muster der Vorlage ab und malen die Konturen mit einem feinen Pinsel nach. Die Augen, den Mund und die Haare jeweils mit Schwarz einzeichnen. Die Bäckchen mit einem fast trockenen Pinsel vorsichtig andeuten (siehe „Schattieren“ auf S. 57). Die Stäbe in die Bohrungen der Klötze stecken und alles wie abgebildet auffädeln.

TIPP

Die Bäckchen vorher auf einem Stück Holz oder auf Papier üben, um ein Gefühl dafür zu bekommen, wie viel oder wenig Farbe Sie verwenden müssen, um diese nur zart anzudeuten.

DALAPFERD – GLÜCKSBRINGER AUS SCHWEDEN

SCHWIERIGKEIT
★★

MOTIVHÖHE
27 cm

MATERIAL
- Sperrholz, 10 mm stark, 17 cm x 11 cm
- Kreidefarbe in Türkis
- Farbe in Rot, Weiß und Schwarz
- 2 Rundholzstäbe, ø 6 mm, 22 cm lang; ø 3 cm, 3 cm lang
- Holzkugel durchbohrt, ø 3,5 cm
- 3 Holzklötze, 5 cm x 5,5 cm, 3 cm lang; 5,5 cm x 5,5 cm, 7 cm lang; 3 cm x 3 cm, 2,5 cm lang
- Lackdraht in Braun, ø 0,35 mm, 10 cm lang
- Holzbohrer, ø 1,5 mm, ø 6 mm

VORLAGE
Bogen B

1 Das Pferdchen und das Herz aussägen. Den größten Klotz zu Hälfte, alle restlichen Teile ganz durchbohren. Nun die Teile bemalen; orientieren Sie sich dabei am Foto.

2 Nach dem Trocknen übertragen Sie die Muster von der Vorlage und zeichnen die Motive mit einem feinen Pinsel nach. Erneut alles gut trocknen lassen.

3 Alle Teile auffädeln und das Herz mit Draht anhängen. Der kleinste Klotz (3 cm x 3 cm x 2,5 cm) hinter dem Pferd mit Heißkleber befestigen.

TIPP
Die Hauptfarbe des traditionellen Dalapferds ist Rot. Sie können für die Bemalung aber auch Ihre Lieblingsfarbe verwenden.

Glück
Freude
Liebe
Erfolg

GLÜCKSKLEE

SCHWIERIGKEIT

★

MOTIVHÖHE

32 cm

MATERIAL

- Leimholz, 18 mm stark, 9 cm x 9 cm
- Sperrholz, 10 mm stark, 9 cm x 8 cm
- Farbe in Hellgrün, Mittelgrün, Weiß und Schwarz
- Rundholzstab, ø 6 mm, 28 cm lang
- 2 Holzkugeln durchbohrt, ø 4 cm und ø 3 cm
- 2 Holzklötze, 4,5 cm x 4,5 cm, 3 cm lang; 5,5 cm x 5 cm, 6,5 cm lang
- Holzrad, ø 4 cm
- Holzbohrer, ø 6 mm
- Heißkleber

VORLAGE

Bogen B

1 Das Kleeblatt aus Leimholz und den Pilz aus Sperrholz aussägen. Den kleineren Klotz durchbohren. Der größere Klotz wird nur zur Hälfte durchbohrt. Die Teile wie abgebildet bemalen: Das Kleeblatt und den größeren Klotz mit Mittelgrün, die Kugeln mit einer Mischung aus Weiß und wenig Schwarz. Das Holzrad und den kleineren Klotz in Hellgrün streichen. Den Pilzstiel mit Weiß, das Hütchen mit Grau bemalen. Alles gut trocknen lassen.

2 Die Schrift von der Vorlage übertragen und mit leicht verdünntem Grau nachschreiben. Die Punkte mit Weiß auf das Hütchen tupfen, mit einem fast trockenen Pinsel und grauer Farbe die Schattierungen am Kleeblatt vornehmen. Die Punkte auf den hellgrünen Klotz tupfen. Wieder gut trocknen lassen.

3 Den Rundstab in die Bohrung des großen Klotzes stecken und alle Teile auffädeln. Den Pilz zwischen die Teile klemmen und mit wenig Heißkleber befestigen.

Nähmaschine
und Garnspulen

Schwierigkeit
★

Motivhöhe
25,5 cm

Material
- Sperrholz, 10 mm stark, 13 cm x 7 cm
- Kreidefarbe in Weiß, Dunkelgrau, Hellgrün
- Farbe in Rot
- 2 Rundholzstäbe, ø 4 mm, 20 cm lang; ø 3 cm, 2 cm lang
- Holzkugel durchbohrt, ø 3,5 cm
- 4 Holzspulen, ø 5 cm, 5 cm lang; 2x ø 2,8 cm, 1x ø 1,3 cm
- Lackdraht in Braun, ø 0,35 mm, 10 cm lang
- wasserfester Stift in Schwarz, ø 0,5–1 mm
- Holzbohrer, ø 4 mm
- Schleifpapier, 120er-Körnung
- Heißkleber

Vorlage
Bogen B

1 Die Nähmaschine und die Mütze aussägen. Die Kugel, eine Spule komplett und die kleinste Spule nur mittig mit Rot bemalen. Die Nähmaschine und die Mitte der größten Spule mit Hellgrün, das Rundholzstabstück (ø 3 cm) mit Weiß bemalen. Nach dem Trocknen die vierte Spule, die Ränder der größten Spule und die untere Kante der Nähmaschine mit Dunkelgrau bemalen. Anschließend werden die Rädchen und Programmtasten der Nähmaschine mit einem feinen Pinsel und Grau aufgemalt.

2 Nach dem Trocknen die Farbe am Randbereich stellenweise mit dem Schleifpapier wieder abnehmen. Die feinen Konturen des Rädchens und der Platte mit dem Stift andeuten.

3 Nun den Rundstab in das Loch der Spule stecken, mit Heißkleber fixieren und anschließend alle Teile auffädeln. Die Mütze mit Heißkleber befestigen. Zum Schluss wird die kleinste Spule ebenfalls oben auf die Nähmaschine geklebt.

Tipp
Die Spulen sind in verschiedenen Sets erhältlich. Beim Kauf können Sie dann die Spulen auswählen, die Ihnen am besten gefallen.

HASE, FUCHS UND REH

SCHWIERIGKEIT

★★★

MOTIVHÖHE

33 cm und 37 cm

MATERIAL

- Sperrholz, 10 mm stark, 15 cm x 30 cm
- Farbe in Weiß, Orange, Dunkelbraun und Schwarz
- 4 Rundholzstäbe, ø 4 mm, 22 cm und 25 cm lang; ø 3 cm, 1,5 cm und 3,5 cm lang
- Holzkugel durchbohrt, ø 5 cm
- 2 Holzklötze, 5,5 cm x 5,5 cm, 7 cm lang; 4,5 cm x 5 cm, 6 cm lang
- 4 Mini-Zapfen, 2–3 cm
- Rebenstern, ø 7 cm
- 3 Zweige in Weiß, 8 cm, 9 cm und 11 cm lang
- Lackdraht in Braun, ø 0,35 mm, 10x 10 cm lang
- Holzbohrer, ø 1,5 mm und ø 4 mm
- Heißkleber

VORLAGE

Bogen B

1 Die Tierköpfe und die Tanne gemäß Vorlage aussägen. Die Löcher bohren, dabei die Klötze nur halb durchbohren. Braun mit Weiß mischen und den Rehkopf bemalen. Den Hasen mit einer Mischung aus Schwarz und Weiß, den Fuchs mit einer Mischung aus Weiß und einem Hauch Braun bemalen. Nach dem Trocknen wird der Fuchs zusätzlich mit Orange bemalt.

2 Das Geweih mit Dunkelbraun bemalen. Die Klötze mit Weiß und Grau streichen. Die Kugel und das längere, größere Rundholzstabstück ebenfalls mit Grau streichen. Die Tanne und den zweiten dicken Rundstab mit Weiß bemalen. Nach dem Trocknen die Eule in Hellbraun, die Tannen, den Schnee und den Stern mit Weiß auf die Kugel und die Klötze malen. Trocknen lassen.

3 Die Augen mit Schwarz aufmalen. Den Klotz, auf dem die Eule abgebildet ist, außerdem mit verdünntem Braun besprenkeln. Mit Weiß Punkte auf die Kugel, mit Braun Punkte auf den grauen Rundholzstab malen. Erneut trocknen lassen.

4 Alle Teile wie abgebildet auffädeln. Die Zapfen, die Zweige, den Rebenstern, den Fuchs und die Tanne mit Draht befestigen. Zwei Zapfen jeweils auf einen Klotz kleben.

SCHUTZENGEL

SCHWIERIGKEIT

★

MOTIVHÖHE

32 cm

MATERIAL

- Leimholz, 18 mm stark, 12 cm x 16 cm
- Sperrholz, 10 mm stark, 9 cm x 9 cm
- Kreidefarbe in Weiß, Hellblau, Hellgrün, Hellgrau
- 2 Rundholzstäbe, ø 6 mm, 5 cm und 22 cm lang
- 3 Holzkugeln durchbohrt, ø 3 cm, 3,5 cm und 5 cm
- Holzklotz, 5,5 cm x 7 cm, 3 cm lang
- Holzrad, ø 4 cm
- Holzbohrer, ø 6 mm
- Heißkleber

VORLAGE

Bogen B

1 Den Engel aus dem Leim-, den Stern aus dem Sperrholz aussägen und die Löcher bohren. Den Klotz nur halb durchbohren. Nun alle Teile bemalen: das Engelskleid und den Klotz mit Hellgrün, zwei Kugeln mit Grau und das Holzrad mit Hellblau. Den Stern und die Flügel mit Weiß bemalen. Die kleinste Holzkugel bleibt naturbelassen.

2 Nach dem Trocknen das Muster am Saum des Kleides mit Weiß und Grau aufmalen, die große Kugel mit Weiß betupfen. Orientieren Sie sich hierbei an der Abbildung. Wieder gut trocknen lassen. Nun den längeren Stab in die Bohrung des Klotzes stecken und alle Teile auffädeln. Den Stern mit wenig Heißkleber am Stab befestigen.

3 Den 5 cm langen Stab in die obere Bohrung des Engels stecken und die dritte Kugel als Kopf aufstecken.

LEBKUCHENHAUS

SCHWIERIGKEIT

★★

MOTIVHÖHE

48 cm

MATERIAL

- Leimholz, 18 mm stark, 12 cm x 13 cm
- Sperrholz, 10 mm stark, 13 cm x 10 cm
- Kreidefarbe in Türkis
- Farbe in Braun, Weiß und Schwarz
- Rundholzstab, ø 6 mm, 37 cm lang
- 2 Holzkugeln durchbohrt, ø 3,5 cm und ø 5 cm
- 2 Holzklötze, 5,5 cm x 5,5 cm, 4 cm lang; 8 cm x 8 cm, 6,5 cm lang
- Ausstecher in Herzform, ø 3 cm
- Ausstecher in Bonbonform, ø 4,5 cm
- Zimtstange, 9 cm lang
- Sternanis
- Kupferdraht, ø 0,35 mm, 2x 10 cm lang
- Holzbohrer, ø 2 mm und ø 6 mm
- Heißkleber

VORLAGE

Bogen B

1 Das Häuschen aus Leimholz, die Glocke und die Tanne aus Sperrholz aussägen und die Löcher bohren. Den kleineren Klotz ganz, den größeren nur halb durchbohren. Die kleine Kugel und die Klötze mit Kreidefarbe, die große Kugel mit Schwarz bemalen.

2 Braun mit etwas Wasser verdünnen und die späteren Lebkuchenteile bemalen. Orientieren Sie sich dabei am Bild. Alles gut trocknen lassen. Die Muster übertragen und die Konturen mit einem feinen Pinsel und weißer Farbe nachmalen. Wieder gut trocknen lassen. Die Teile auffädeln. Die Plätzchenausstecher mit Draht anhängen. Die Zimtstange und den Sternanis mit Heißkleber am unteren Klotz befestigen.

TIPP

Sie können die Verzierungen auch mit einem weißen Stift aufmalen. Im Bastelfachhandel finden Sie auch 3-D-Liner in Weiß, damit erscheinen die Ornamente wie aus Zuckerguss.

MÜTZE, HANDSCHUH UND SOCKE

SCHWIERIGKEIT

★★

MOTIVHÖHE

23 cm und 31,5 cm

MATERIAL

- Sperrholz, 10 mm stark, 28 cm x 11 cm
- Kreidefarbe in Hellblau und Grau
- Farbe in Weiß, Hellgrün, Dunkelbraun, Dunkelgrün
- 4 Rundholzstäbe, ø 3 mm, 13 cm und 24 cm lang; ø 5 cm, 6 cm und 5 cm lang
- 2 Holzkugeln durchbohrt, ø 3,5 cm und ø 5 cm
- 2 Holzschneeflocken, ø 5 cm
- wasserfester Stift in Schwarz, ø 0,5–1 mm
- Knopf in Hellgrün, ø 14 mm
- Knopf in Hellblau, ø 15 mm
- Knopf in Dunkelgrün, ø 20 mm
- Holzbohrer, ø 4 mm
- Heißkleber

VORLAGE

Bogen B

1 Die Mütze, die Socke und den Handschuh aussägen und die Löcher bohren. Die großen Rundstäbe nur halb durchbohren. Die Mütze und die Kugeln mit Hellblau, die Socke und den Handschuh mit Hellgrün und die großen Rundstäbe mit Dunkelgrün bemalen. Alles gut trocknen lassen. Den Bommel mit Blau, den Rand der Socke und den des Handschuhs mit Grau bemalen. Die Spitze und die Ferse der Socke mit Hellblau malen. Wieder alles gut trocknen lassen.

2 Die Linien am Saum der Socke, des Handschuhs und der Mütze sowie den Bommel mit Hellblau und Hellgrün bemalen. Mit dem schwarzen Stift weitere Konturen an der Ferse und der Sockenspitze einzeichnen. Orientieren Sie sich hierbei an der Abbildung.

3 Die Knöpfe mit Heißkleber anbringen und die Teile anschließend auffädeln. Die Schneeflocken und den Handschuh ebenfalls mit Heißkleber anbringen.

TIPPS

Falls Ihnen die Rundholzstäbe, die im Baumarkt angeboten werden, zu teuer sind, können Sie auch ein günstiges Nudelholz kaufen, die Griffe abmontieren und dieses anschließend in Stücke sägen.
Damit das größere Mittelloch der neuen Nudelholz-Stäbe vollständig ausgefüllt wird, kleben Sie eine Kugel auf den Stab und befestigen Sie weitere Teile beim Zusammenstecken mit Heißkleber.

SO WIRD'S GEMACHT

HOLZMOTIVE AUSSÄGEN

Die Motive mit Kopierpapier von der Vorlage auf das Holz übertragen. Dabei die feineren Muster, wie z. B. Linien, zunächst auslassen. Die Motive aussägen. Die Kanten mit Schleifpapier glätten und die Löcher bohren. Die Kanten der anderen Holzteile ebenfalls mit Schleifpapier glätten und die Löcher bohren.

HOLZMOTIVE BEMALEN

1 Grundieren und bemalen
Wenn nicht anders angegeben, die Holzteile in den angegebenen Farben zweimal grundieren. Dabei nur wenig Farbe verwenden und diese gut verstreichen. Die Farbe trocknen lassen. Die Holzteile gegebenenfalls schattieren. Nun die feineren Muster mit Kopierpapier von der Vorlage übertragen. Mit leicht verdünnter Farbe oder Acrylstiften nachmalen. Mit Klarlack überziehen.

2 Schattieren

Die Motive stellenweise mit den angegebenen Farben betonen. Dafür mit einem trockenen Pinsel nur sehr wenig Farbe aufnehmen. Die Farbe so lange auf einem Stück Papier verstreichen, bis fast keine Farbspuren mehr sichtbar sind. Den Pinsel dann vorsichtig mit Wischbewegungen an den Kanten der Holzteile abstreifen. Dabei stellenweise mehr, stellenweise weniger schattieren, damit das Motiv nicht wie eingerahmt aussieht. Unbedingt vorher üben!

3 Feine Linien

Für feine Linien die Farbe mit sehr wenig Wasser verdünnen und einen feinen Rundhaarpinsel (Gr. 0) verwenden. Am besten vorher auf bemalten Holzresten üben. Sehr gut geeignet sind auch wasserfeste Stifte (Marker) in verschiedenen Stärken.

4 Besprenkeln
Damit die Glückswächter pfiffiger aussehen, werden sie zum Teil mit Farbe besprenkelt. Dafür zunächst die Arbeitsfläche großzügig mit alten Zeitungen abdecken. Die Farbe mit etwas Wasser verdünnen und mit einem großen Borstenpinsel aufnehmen. Mit dem Zeigefinger ruckartig über die Borsten streifen, sodass die Farbe auf das Motiv spritzt. Wichtig ist die Konsistenz der Farbe: Verwenden Sie zu viel Wasser, werden die Tropfen zu groß und ist die Farbe nach dem Trocknen zu blass. Bei zu wenig Wasser lässt sich die Farbe nicht spritzen. Am besten vorher üben.

Achten Sie darauf, stellenweise mehr, stellenweise weniger Sprenkel aufzubringen – dadurch wird das Ergebnis interessanter. Damit die Finger sauber bleiben, am besten einen Gummihandschuh überziehen.

5 Fehler korrigieren
Falls Sie sich beim Schattieren oder Malen vertun, können Sie die Farbe mit einem Haushaltsschwamm abwaschen, solange sie noch nass ist. Trockenföhnen und erneut beginnen.

GLÜCKSWÄCHTER ZUSAMMENBAUEN

Den Rundholzstab in das Bohrloch des Holzklotzes stecken, der als Standfuß dient. Dann die Holzteile gemäß der jeweiligen Abbildung und Anleitung auffädeln. Zum Schluss die Verzierungen, wie z. B. Bänder oder Knöpfe, ankleben oder anbinden.

HILFREICHE TIPPS

FARBEN AUSWÄHLEN

Jeder Hersteller bezeichnet seine Farbnuancen anders. Falls Sie die angegebene Farbe nicht bekommen, wählen Sie Farben eines anderen Herstellers. Nehmen Sie das Buch zum Vergleichen mit, damit Sie einen ähnlichen Farbton finden.

TROCKENZEIT BESCHLEUNIGEN

Um lange Wartezeiten zu vermeiden, föhnen Sie die bemalten Figuren trocken. Wählen Sie dabei eine mittlere Wärmestufe.

LÖCHER BOHREN

Verwenden Sie am besten eine Standbohrmaschine. So stehen die Glückswächter später garantiert gerade.

HOLZTEILE

Die Rundholzstäbe gibt es in verschiedenen Durchmessern in der Holz- und in der Modellbauabteilung im Baumarkt. Die Holzklötze werden aus langen Holzrahmen gesägt, die Sie ebenfalls in der Holzabteilung des Baumarktes finden. Verwenden Sie auch die bei jeder Arbeit anfallenden Reste. So brauchen Sie nicht jedes Mal neue Rahmen zu kaufen. Ob die Holzklötze etwas dicker oder dünner als angegeben sind, spielt keine Rolle. Achten Sie jedoch darauf, dass die Länge gleich bleibt, damit später der Rundholzstab, auf den die Holzteile aufgefädelt werden, nicht zu kurz ist.

FARBWELTEN KOMPONIEREN

Sie können Ihren Glückswächter in verschiedenen Farbwelten komponieren. Hier sind Sie in der Gestaltung ganz frei, denn Sie können jedes Element so bemalen und gestalten, wie Sie möchten.

GLÜCKSWÄCHTER ALS GESCHENK

Besonders gut eignet sich ein Glückswächter als Geschenk für die Menschen, die Ihnen besonders am Herzen liegen. Verschenken Sie zu Ihrem Wächter eine hübsch gestaltete Liste, in der Sie die verschiedenen Symbole erklären. So weiß der Beschenkte ganz genau, wie ihm der Glückswächter zur Seite steht.

GLÜCKSWÄCHTER PERSONALISIEREN

Ganz persönlich wird ein Glückswächter, wenn Sie zum Beispiel Hausnummer, Straßenname, Namen der Bewohner oder persönliche Botschaften ergänzen.

FEINHEITEN MALEN

Feine Linien und Details werden am besten mit leicht verdünnter Farbe und einem feinem Pinsel (Gr. 0) gemalt. Oder Sie verwenden Marker.

DAS BRAUCHEN SIE

LEIM- und SPERRHOLZ, NATURBRETTER, VIERKANTHÖLZER (Rahmen), HOLZFERTIGTEILE, RUNDHOLZSTÄBE etc. werden für alle Glückswächter benötigt.

Einen SCHLEIFKLOTZ und SCHLEIFPAPIER in verschiedenen Körnungen sollten Sie zum Glätten der Holzflächen griffbereit haben.

In einem PAPPTELLER können Sie Farben mischen.

Mit BLEISTIFT und KOHLEPAPIER übertragen Sie die Motive vom Vorlagenbogen auf das gewünschte Holz.

Eine BOHRMASCHINE oder einen AKKUSCHRAUBER mit verschiedenen Bohrern für Holz benötigen Sie zum Vorbohren von Löchern und Fixieren von Schrauben. Eine STICH- oder DEKUPIERSÄGE und, falls vorhanden, eine STAND- oder TISCHBOHRMASCHINE benötigen Sie zum Aussägen der Motivteile.

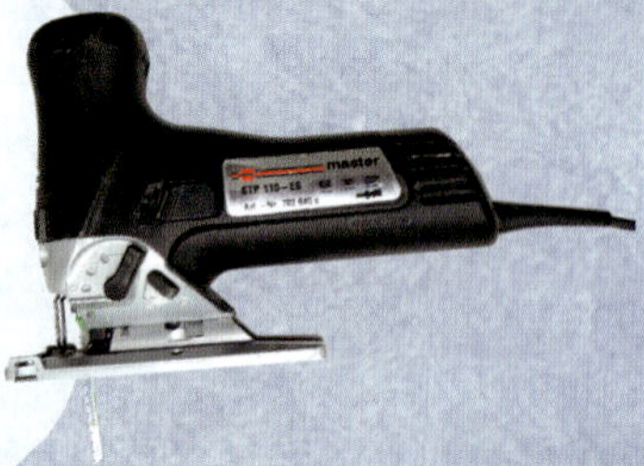

Alte ZEITUNGEN sind praktisch zum Abdecken der Arbeitsfläche.

Eine KOMBIZANGE ist z. B. nützlich, wenn Sie Draht abschneiden oder formen müssen.

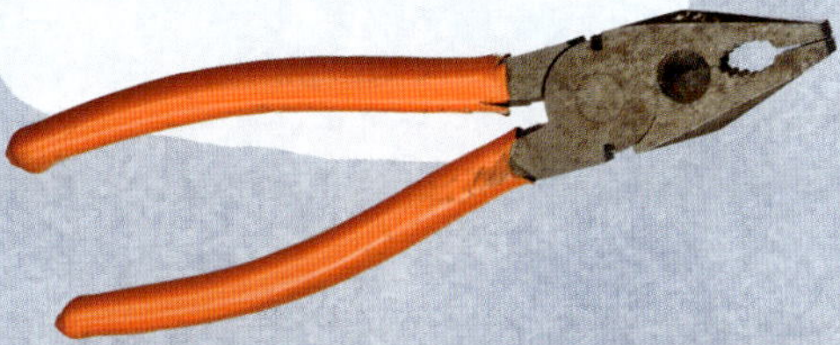

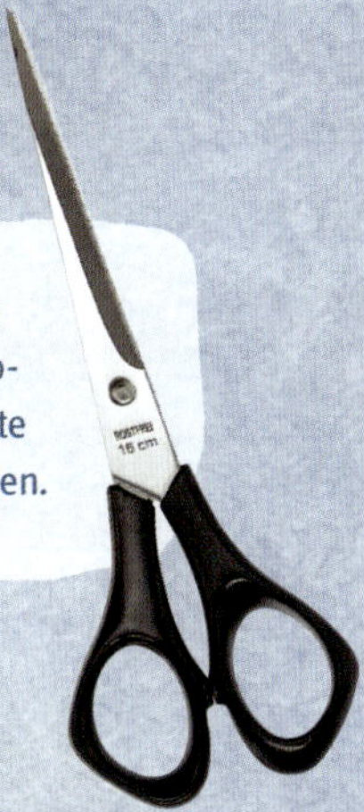

Eine SCHERE benötigen Sie häufig, z. B. um Dekomaterial auf die benötigte Größe zurechtzuschneiden.

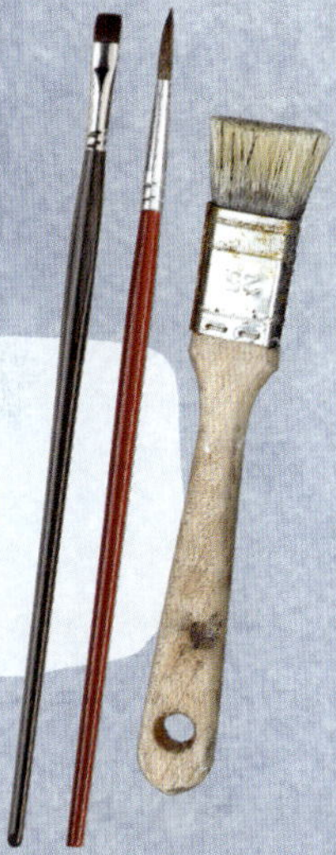

Diverse PINSEL (rund, Gr. 0, 2, 10, und flach, Gr. 20, 24, 30, 40) brauchen Sie zum Bemalen.

ACRYLFARBE für den Innen- und ggf. für den Außenbereich. KREIDEFARBE für einen zarten, kreideartigen Effekt. ACRYLSTIFTE (Marker) werden zum Malen feiner Details verwendet.

HOLZLEIM ist ideal, um verschiedene Holzteile miteinander zu verbinden. Mit HEISSKLEBER werden Kleinteile fixiert.

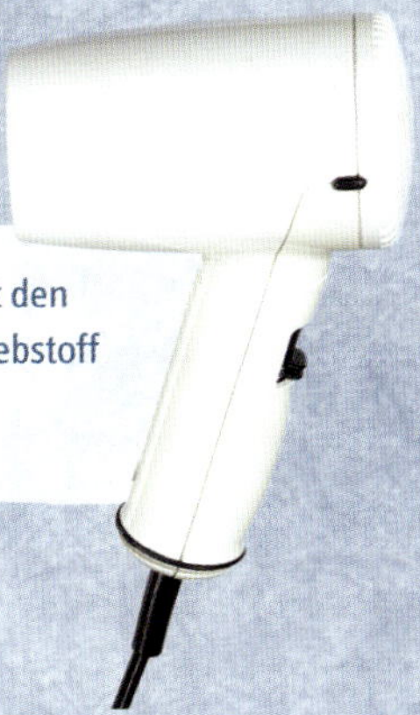

Ein FÖHN beschleunigt den Trockenvorgang von Klebstoff und Farbe.

Mit SEIDENMATTEM KLARLACK für den Außenbereich schützen Sie Ihre Motive vor Feuchtigkeit.

Buchempfehlungen für Sie

TOPP 4255
ISBN 978-3-7724-4255-1

TOPP 7638
ISBN 978-3-7724-7638-9

TOPP 7692
ISBN 978-3-7724-7692-1

TOPP 4254
ISBN 978-3-7724-4254-2

TOPP 4183
ISBN 978-3-7724-4183-7

TOPP 4157
ISBN 978-3-7724-4157-8

TOPP 4177
ISBN 978-3-7724-4177-6

TOPP 4275
ISBN 978-3-7724-4275-9

TOPP 4233
ISBN 978-3-7724-4233-9

DIE AUTORIN

ALICE RÖGELE

Alice Rögele hat ihr Hobby zum Beruf gemacht und arbeitet seit 1990 im Kreativbereich. Schon in ihrer Kindheit hat sie die Liebe zum Malen entdeckt. Bis zur Eröffnung ihres eigenen Ateliers 2004 war sie langjähriges Mitglied und zeitweise auch Leiterin der Dinkelsbühler Künstlergruppe „Art und Farbe". Neben der Acrylmalerei gehören Holzarbeiten zu ihren Schwerpunktthemen. Dabei experimentiert sie gerne mit verschiedensten Materialien, die sie in ihre Werke integriert. Schon seit 2004 ist sie als erfolgreiche Autorin beim frechverlag tätig. Ihre Leidenschaft für Schönes und ihre Begeisterung für Genussartikel hat sie seit dem 1. März 2013 in ihrem Laden „StilEcht" in Dinkelsbühl (www.stilecht-dinkelsbühl.de) vereint. Gerne können Sie auch auf ihrem facebook-Profil unter Alice Rögele vorbeischauen.

DANKE

Wir danken der Firma Rayher Hobby GmbH, Laupheim, für die Bereitstellung der Materialien.

IMPRESSUM

FOTOS: frechverlag GmbH. 70499 Stuttgart; lichtpunkt, Michael Ruder, Stuttgart; Alice Rögele (alle Arbeitsschrittfotos)
ILLUSTRATIONEN: Creative Market (Marish: Marina Zlochin)
PRODUKTMANAGEMENT: Lara Schaufler
LEKTORAT: Lara Schaufler, Natalie Wollersheim
LAYOUTENTWICKLUNG UND SATZ: Eva Grimme
DRUCK UND BINDUNG: Livonia Print SIA, Lettland

1. Auflage 2017

ISBN 978-3-7724-4329-9 • Best.-Nr. 4329